लीलाधर मंडलोई

पचास कविताएँ

नयी सदी के लिए चयन

वाणी प्रकाशन

वाणी प्रकाशन

'लोगो' वाणी प्रकाशन : मक़बूल फ़िदा हुसेन

वाणी प्रकाशन, 4695, 21-ए, दरियागंज, नयी दिल्ली-110002

वाणी प्रकाशन, अशोक राजपथ (पटना कॉलेज के सामने), पटना (बिहार)

PACHAS KAVITAYEN
NAI SADI KE LIYE CHAYAN

by Leeladhar Mandaloi

Poetry

ISBN : 978-93-5000-826-3

प्रथम संस्करण 2011

मूल्य : 65/-

वाणी प्रकाशन

फोन : 0091#11#23273167, फोन व फैक्स 23275710
वेबसाइट : www.vaniprakashan.in
ई-मेल : vaniprakashan@gmail.com

जी.एस. ऑफसेट द्वारा दिल्ली-110032 में मुद्रित

क्रम

एक अबूझ बन्दिश

गाँव भी तब उसे बमुश्किल शुमार किया जाता था
विस्थापितों की एक उभरती बस्ती थी जिसमें कुछ
घरनुमा-सी हो सकने वाली झुपड़ियाँ थीं जिन पर
नजीक के मुहार से यत्नपूर्वक काटकर जुटाई गयी
लेंडी की हरी कच्च टहनियाँ थीं जो किसी जुगत बिछी थीं

उस पर देसी कबेलू से बनाई गयी ख़परैल छतों में
छूट गये बहुत-से सूराख थे जिनके खो जाने पर
हम अक्सर उदास हो उठते थे
सूराखों से टपक पड़ती धूप में हमारे
अजब-गजब खिलौने थे सर्वाधिक आधुनिक

इन्द्रधनुष की आधी-अधूरी कलाकृतियाँ
जिन्हें हमने सूराखों से उतरते देखा था
काँच के फ़ालतू टुकड़ों को धूप की सीध में किए
कई रहस्य हमने खेल-कूद में जान .लिए थे

धूल जो हमारे सिरों पर उछल-कूद करती थी

सूरज को ढँकने का हौसला रखती है यह हमें
आसमान में अटती गन्दगी से पता चला
हवाओं के करतब और रेखाओं का गणितीय अर्थ
इन्हीं खेलों ने हमें समझाया और
सृष्टि के बारे में अनेक सूचनाओं से नवाज़ा
ख़परैल की जर्जर छत इस तरह सुसज्जित शिक्षा केन्द्रों
के मुक़ाबले हमारी प्रारम्भिक पाठशाला बनी
उन दिनों हमें बारिश का बेतरह इन्तज़ार रहता
कई दिलचस्प खेल उसकी वजह से रुके रहते
यह बात घर में सख़्त नापसन्द की जाती
परिवार के लिए यह सबसे कठिन मौसम होता

इस हद तक कि पिता भगवान को गरियाते
माँ जो बेहद धार्मिक विचारों की थी
भगवान की मर्ज़ी मान बहुत पहले
प्लास्टिक की लम्बी-बड़ी पन्नियाँ अबेरना शुरू कर देती
इस दौरान फटे-पुराने त्याज्य बोरों के दिन फिर आते
पिता बुड़बुड़ाते हुए दुकान के कोने में फेंक दिए
फटे पाल को थिगड़े लगा सी लिया करते

पूरा कुनबा किसी युद्ध की तैयारी में जैसे पिल पड़ता
बरामदे में ग़ायब हो चुकी पार ऊँची होने लगती
नजीक में ढँकी-मुँदी नालियों को गहराने की होड़ में
हम सब भाई-बहन टूट पड़ते
घर पर मँडराते आतंक और भय के बावजूद
बादलों के जमावड़ों में हमारी दिलचस्पी कम न होती
उनमें हमारे खिलौने छुपे थे जो

कई सूरतें लिए आसमान के मैदान में नमूदार होते
उनकी अठखेलियों से निकलते हमारे
नायक-खलनायक, गेंद-गुब्बारे और पुष्पक विमान

कोई शानदार लंय और हैरतअंगेज़ गति जो
एक अबूझ बन्दिश लिए हमारे भीतर उतरती
कहीं सुने गये मल्हार या बादलराग जैसा कुछ
जो हमारे लिए तब समझना कठिन होता
मन्द-तेज़ गड़गड़ाहट, तड़क और नक्कारों के प्रभाव में
आरोह-अवरोह, सम-विषम या कुछ ऐसा जिसे
संगीत के लोग बेहतर समझ सकते थे
हमने थोड़ा कुछ बारिश से पकड़ना शुरू कर दिया था

कुछ ख़ास ध्वनियों की हमें तलाश रहती जिन्हें
वक़्त ज़रूरत पड़ने पर हम कण्ठ से निकाल सकते
या कि टीन के कनस्तर, थालियों और लोहे की मेज़ों पर
पकड़ आयी तालों पर मटक या नाचकर
उन नकचढ़ों को चिढ़ा सकते
हवा ऐसे मौसम में हमारी दोस्त हो जाती
दादी माँ की कहानियों में आये वातावरण को
पहचानने में वह हमारी भरपूर सहायता करती

ख़ासकर कहानियों में जब कोई दुष्ट राक्षस आता
दादी माँ डरावनी ध्वनियों के सहारे उसके प्रवेश की
सूचना देकर हमारे सीख रहे ध्वनिपाठ को पुष्ट करती
ऐसा बहुत कुछ पार्श्व संगीत बारिश के मौसम से
हमने अपनी पाठशाला में सीख लिया था

पास-पड़ोस की वस्तुओं में उठती ध्वनियों का बोध
बर्तनों में टप-टप या कि टप-टपा-टप बूँदों का नाद
ख़परैल पर नाचती-इठलाती कोई देसी बन्दिश
पुरा-परौस की छतों पर ओलों का ताण्डव
बहुत कुछ ऐसे संगीत रूप हमें मौसम ने पढ़ाये

ध्वनियाँ जो गहरे हमारे अवचेतन में पैठ गयी थीं
उनका ऊट-पटाँग प्रयोग हमें सुख देता
मसलन अंट-शंट ध्वनियाँ निकाल खिझाना
टीन की छतों पर कंकड़ फेंकना
कुओं में पत्थर या बाल्टी की डुब्ब सुनना

कब और कैसे के नासमझ प्रयोगों के चलते
बाज़ दफ़ा हम खूब पीटे जाते

पिता कोसते खुलेआम और माँ फटकारती
इन सबके बीच बारिश हर साल दे जाती
कुछ और ताल ज्ञान, नयी लय और कुछ संगीत पाठ
समझ में सब आया ऐसा दावा फ़िज़ूल
जितना कुछ सुना याकि सुनता हूँ
अत्याधुनिक, पारम्परिक कि प्रयोगधर्मी

टटोलकर मेल करता हूँ पीछे से
बहुत कुछ वैसा और ढेर कुछ बाहर
मैं उपलब्ध से बाहर में दौड़ना चाहता हूँ
मैं नौ महीने सुने हुए को गुनता हूँ
मैं गुने हुए के सच होने का इन्तज़ार करता हूँ

गौरैया का होना

हमारे पूर्वज जानते थे
कि कितना ज़रूरी है
गौरैया का होना
वे बनाते थे घर
जिनमें होते थे
झरोखे
रोशनदान और धन्नियाँ

वे घोंसले बनाती थीं वहाँ
कि ध्वनि, शोर और तरंगों से
सुरक्षित था उनका जीवन

इधर अब फ़्लैट हैं
और
मोबाइल फ़ोन
डी.टी.एच. छतरियाँ, केबल और
इण्टरनेट का महासंजाल
और घातक बहोत आस-पास अदृश्य

और फैलता प्रदूषण इस क़दर
कि साँस लेना मुहाल

वे उड़ गयी हैं या
खो गयीं कहीं हवाओं में
कहना मुश्किल
बस कभी-कभी
आती है उनकी भयभीत आवाज़ जब
हम याद करते हैं उन्हें
कि जैसे तीज़-त्योहार में

पूर्वजों को
सच है सिर्फ़ इतना अब
कि दोनों हमारे जीवन में
न के बराबर उपस्थित हैं

घरेलू मक्खी

जो न होता मेरे पास पिता का मेग्नीफाइंग ग्लास
कैसे देख पाता तुम्हारा सौन्दर्य
और इतना पुलकित होता

कितने साफ़-सुथरे और सुन्दर तुम्हारे पंख
इन पर कितने आकर्षक पैटर्न बने हैं
ईश्वर की क्या अद्भुत रचना हैं तुम्हारे संयुक्त नेत्र

तुम्हारी संरचना में एक कलात्मक ज्यामिति है
अनूठी गति और लय में डूबी है तुम्हारी देह
कि उड़ती हो तो जैसे चमत्कार कोई
हवा में परिक्रमा करते हुए, नृत्य कितना मनोरम

इतनी अधिक चपलता के बावजूद
क्या ख़ूब सचेत दृष्टि
कि मालूम तुम्हें उतरने की सटीक प्रविधियाँ
एक भी लैंडिंग दुर्घटना इतिहास में दर्ज नहीं

तुम्हारी भिन-भिन से नफ़रत करने वाले हम
संचालित हैं अपने अज्ञान और अन्धविश्वास से
हमारा सौन्दर्यबोध भी इतना प्रदूषित
कि नहीं मान पाते उसके होने को
प्रकृति का एक ख़ूबसूरत उपहार

देखो वह उड़ी और ये बैठ गयी
मेरे होंठों पर
अब उसका नर्मगुदाज़ स्पर्श है
जो जन्म के पहले दिन के
बेटी के स्पर्श की तरह ज़िन्दा है

बर्र

पहले-पहल मैंने उन्हें
अपने गाँव की मिठाई दुकान पर देखा
वे खुली मिठाइयों पर बैठी थीं
और भनभना रही थीं आत्मरक्षा में

उन्हें छेड़ने का साहस कम ही होता
और कभी भूले-भटके छेड़ दे कोई
तो बच नहीं सकते उनके आक्रमण से
शायद इसलिए बर्र के छत्ते में
हाथ डालने की कहावत मशहूर हुई

किसी एक को छेड़ना
सैकड़ों को दुश्मन बनाना है
कि इतनी ग़ज़ब की एकता
जो मनुष्य में सिरे से नदारद

अपने शरीर पर उनके डंकों की चुभन
आज भी जैसे जीवित

और छूट गये कुछेक डंक
जो कभी निकले नहीं
अनेक जतन के बाद

उन्हें ज़मीन खोदते देखा मैंने
पत्थरों में भी बना लेते हैं सुरंग-सी
कि कितने कुशल और परिश्रमी
लकड़ियों में छेद करना तो आम बात
उनमें शोषित की उग्रता है

रंग शहद-सा पीला अधिक
और काला धुस्स जो
फैला है जगह-जगह
मानो वह उनके क्रोध का प्रतीक

लेकिन अपनी सन्तानों के लिए
उनका प्रेम भी असीम
क्या वे आक्रमण करते हैं
अपने बच्चों की जीवन रक्षा में?

उनसे भय और अलक्षित घृणा की वजह से
कितना कम जानते हैं हम
कि उन तक जाने का ख़याल भी
निरस्त रहता है जीवन भर
उनके नीड़ तक मैं गया डरता-डराता
एकदम शान्त और गम्भीर
मैंने देखा और रहा संग-साथ कई बार

मैंने देखा उनका वह प्रेम
जो अपने बच्चों के लिए था
जिसमें वे डूबे थे
उनके ध्यान को भंग किए बग़ैर
मैंने उन्हें दूर से प्रेम किया

दूर से किया गया वह प्रेम
कितना पास है आज

मैं दूर गये अपने बेटे के
जितना पास हूँ उतना ही बनों रहूँ
यदि उनके भी साथ तो

मुझे अपने मनुष्य होने में
शायद इतना सन्देह न हो

मोर...

आषाढ़ के बादलों की यह मड़ई
अच्छे सगुन के साथ आयी है
ऊपर से एक सिंफनी है उतरती
और इधर पक्षियों के सुहाने बोल

इसी बीच मैं पहुँच जाता हूँ
तलहटी में कितना तीव्र आकर्षण
डूबी है धरती अनोखे संगीत में
और दृश्यों की अनुपम छटा बींधती है

वहाँ मोर इतने बेसुध
कि ठुमक रहे हैं और
उनके पंखों ने सिरज दिए इन्द्रधनुष
जिनका प्रतिबिम्ब आँखों में फ्रीज़ है

मैं एक चोर की तरह पेड़ की ओट में हूँ
उनकी समूची देह अनूठे राग में विन्यस्त
मनलुभावन मुद्राओं में वे नृत्यलीन

मैं जो एकदम अनभिज्ञ हूँ इस जादू से
कुछ और हो रहा हूँ भीतर से
मेरे पाँव अपने-आप थिरक रहे हैं

क्या मैं भीतर से मोर हो रहा हूँ?

पिउ...पिउ...पिउ...

आकाश में बादल हैं उमड़ते-घुमड़ते
हवाएँ हैं जंगल में नाच करतीं
पेड़-पौधे हैं मस्ती में डोलते
पक्षियों की आवाज़ों का महारास है

ऐसे मौसम में उतरने का मन है
दिशा सतपुड़ा की घाटी की तरफ़
जहाँ का मैं वाशिन्दा
बारिश की आमद का समय है
कभी भी उतर सकती है अप्सरा-सी वह

मैं उसके इश्क़ में डूबा हूँ
मेरे पाँवों में अजीब-सी ताक़त भरी है
और भीतर कुछ घट रहा है
प्रकृति मदहोश कर देने वाले राग में डूबी है

चीतल झुण्डों में भागते हुए दिख जाते हैं
मटियाली गौरैया फुदकी मारती है

और उसकी भीगी चहचहाहट कितनी मीठी है
पास के नाले से निकली क्षीण धारा में
दो-तीन कौव्वे हैं पंख फड़फड़ाते हुए
उड़ता हुआ एक तोता सामने से गुज़रता है

आगे कितने कोमल पल हैं जिनमें से
विचरता मैं जैसे जंगल हुआ जाता हूँ
झन-झन करती वर्षा अब पेड़ों से
उतर रही है मल्हार गाती हुई
कूऊ...कूऊ...कुहू...कुहू...किक...किक...
डूबा है उत्सव में यह दिन मेरा
जैसे मेरे भीतर से उठ रही है पुकार
पिउ...पिउ...पिउ...

तितलियाँ

बचपन से अभी तक भूल न सका वह सुख
और डूबा हूँ अभी तक इतना कि थकता नहीं
पिता के साथ घूमने से आया वह लुत्फ़
कि वे बताते रहे उनके रंगों का जादू

दौड़ता था छुड़ाकर अँगुली उनके पीछे
कितने भिन्न थे उनके रंग एक-दूसरे से और अप्रतिम कितने
गाँव में तो नारंगी-भूरे रंग की अधिक
उनके पंखों पर सफ़ेद चित्तियाँ
जो काले सुन्दर वृत्ताकार गोलों के बीच आलोकित

और वे जो कभी-कभार ही दीख पड़ती हैं
कुछ-कुछ भूरी और चमक लिए लाल
देह पर उनकी पीले रंगों की मनोहारी छटा
बारिश के दिनों में ख़ूब मिलती
किसी कोमल पत्ती या शाखा पर पंख डुलाती
ध्यान से देखने का इतना नशा ग़ज़ब
कि देख पाता वह सुन्दर रेशमी करधनी

जो बरसती बूँदों की सिहरन में भी चमकती

अब तो उम्र को पारकर कितना आगे
लेकिन जो देखकर आया उसकी याद सजीव
एक वो पहाड़ पर मिली
पत्तियों के नीड़ में दुबकी-सी दुल्हन
गुलाबी और लाल रंग की जुगलबन्दी में
बीच में काला अरे! नहीं काजल की आभा
और वहीं एक नन्ही-सी शायद बहन या बेटी
गहरे भूरे रंग की जिसके बीचों-बीच
एक लाल रंग की रेखा जैसे कोई रंगनदी बहती
कितना कुछ भरना चाहता हूँ
अद्‌भुत संसार भीतर
और भूलता जाता हूँ कि वे
एक पल में उड़ जाती है कहीं और

मैंने बर्फ़ीले इलाक़े में भी उन्हें देखा
और दौड़ा उनके पीछे सँभलता-गिरता
उनका रंग मद्धिम फिर भी चित्ताकर्षक
उनकी हल्की नीलाभ-श्वेत चित्तियाँ
कितने कम तापमान में उसका
निर्वस्त्र उड़ना और बर्फ़ाच्छादित जगहों पर
आनन्दपूर्वक आसन जमाना
मानो किसी ऋषिकुल में उसका जन्म

कितनी रोशन स्मृतियाँ हैं
आँखें जिनकी वजह से कोमल हुईं

उनके आश्रयस्थलों तक
कभी-कभार की मेरी पहुँच और
जीवन के अविस्मरणीय अनुभव
कि मैंने रंगों में बसी
उस सृष्टि को देखा जो कारगर बहुत
और ऐसे समय में
कि जब धुआँ और अँधेरा बढ़ता चौतरफ़

मैंने स्मृतियों में बचाना चाहा
और हारा स्मरण-शक्ति से कितना
वे बची रहेंगी आगे भी सन्देह बहोत
विलुप्ति के इस मारक समय में

मैं उन्हें कैसे बचा पाऊँगा अकेला
सिवाय प्रेम के क्या है मेरे पास?

मैं उनके लिए इस क़ीमती प्रेम को
सौंपना चाहता हूँ बच्चों को

जो किसी और काम में डूबे हैं
मेरी आवाज़ उनके कानों से टकराकर
पराजित लौट रही है बार-बार

तीतर

चीकक्...चीकक्...चीकक्...
ये बोल सुनते ही पहुँच जाता हूँ
बाजरे के खेत में
जो बचपन के सतपुड़ा में देखे

चीकक्...चीकक्...के पीछे खेत में दौड़ना
और उस भूरे पक्षी को पकड़ने का यत्न
वह इतना तेज़ भागता
और खेत में उलझते-गिरते-पड़ते मैं

वह चीकक्...बोलता और वहीं कोई और
कि जो उपस्थित वहाँ, उसकी आवाज़ गूँजती
चीकक्...चीकक्...

उनका अधिक समय धरती पर होता
सो उसके पीछे दौड़ने का मज़ा
मेरे साथ जुग्गू जो किसान का बेटा
वह अधिक जानकार उनका

उसने उन्हें अपने खेत के बबूलों पर
सोते हुए देखा कई बार

उनका घोंसला जुते हुए खेत में मिलता
बस ज़मीन खोदी
और कहीं से घास बटोरकर
सलीक़े से घोंसला बना दिया
धरती का इतना सगा तो कोई दूसरा नहीं
इसलिए क्या पकड़ा जाता आसानी से?

मांस के लिए इनका इतना शिकार
और चोरी-छिपे धन्धा
जो बहुत खिला-खुला जिसे सभी जानते
और तीतरबाज़ों का पागल जुनून

कितने कम होते जा रहे हैं अब
और चीकक् के बोल सुनना मुहाल

अब तो बाजरे की खेती ग़ायब
और गन्ने की खेती भी इतनी कम

कहाँ होंगे वे अब?
किस जंगल के आस-पास
किन खेतों में उनके घोंसले

चीकक्...चीकक्...
अब मैं बोलता हूँ नींद में

देखता हूँ उन्हें स्वप्न में
और सुनता हूँ...
चीकक्...चीकक्

ढूँढ़ता हूँ स्वप्न से बाहर
और हार जाता हूँ रोज़

गिरगिटान

किसी पेड़ की शाखा
कुएँ की जगत
या किसी चट्टान की छाँव में
जब कभी कर रहा होता है आराम
देखो उसे
कि जैसे देखते हो किसी बच्चे को
उसकी आँखों का शिशुभाव
कितना तरल होता है
टुकुर-टुकुर ताकते हुए

लेकिन आप हैं कि आ जाते हैं
अपने काले स्वभाव में
आप उस पर पत्थर फेंकते हैं
आपका आनन्द उसको रंग बदलते देखने में है
जाने किस मिथक से
बदल जाता है आपका भीतर

नहीं जानते आप

कि जब आपकी हिंसा की चेष्टा
दर्ज़ होती है उसकी चेतना में
वह अपने को बचाने की गरज़ से
बदलता है रंग
और आप हैं कि उसे मजबूर करते हैं
जैसे आप चाहते हों हर बार देखना कोई रंगड्रामा

शुक्र है कि नहीं देखा उसने
रंग बदलना आपका
अगर देखा होता तो
यक़ीनन शर्म से आँखें झुका लेता
और शुक्रिया अदा करता ईश्वर का
कि उसे नहीं मिली मनुष्य योनि

चींटियाँ

जैसे बनाती हैं सड़कें
पानी को पार करती हैं एकजुट
पहाड़ों पर चढ़ती हैं
युद्ध करती हैं अपनी सेना के साथ

अनधिकार घुसने नहीं देतीं
किसी को अपने इलाक़ों में

कर सकती हैं चींटियाँ जैसा
कर सकते हैं हम भी

देखो अमरीका घुसा आ रहा है जबरन

मन्त्र

श्रमिक होती हैं मधुमक्खियाँ
फूलों से पराग
और मकरन्द करती हैं इकट्ठा
अपने टाँगों में बनी
उस टोकरी में
जो दीखती नहीं

मधुमक्खियाँ तैयार
करती हैं शहद
और करती हैं रक्षा
बाहरी आक्रमण से उसकी

घिरे हुए हैं हम अनेक दुश्मनों से
और रक्षा नहीं कर पाते

हमने मधुमक्खियों से सीखा नहीं यह मन्त्र

अव्यक्त दुःख

अब कहाँ हैं वे वन
जिनमें फल ही फल होते थे
शहद के छत्ते भरपूर
चींटियों की क़तारें
कन्द-मूल और
अमलतास की पकी फलियाँ होती थीं

आम और उनकी गुठलियाँ
महुए के फूल
और ताड़ के पेड़ों से उतरती नीरा

इन्हीं चीज़ों के आस-पास
देखा-सुना था भालुओं को
बचपन में और
सुने थे रोमांचक क़िस्से

अब किन वनों में होंगे वे
याकि उन्हें उठा लिया

चिड़ियाघरों
और मदारियों ने

कहीं मार तो नहीं दिया
शिकारियों ने
अगर हैं कहीं तो
किस दुनिया में

क्या खाते होंगे वे
किस तरह रहते होंगे
ख़त्म होते वनों में

उनके भोजन में
नहीं होगा उनका मूल भोजन
वे खाते होंगे बाज़ार का खाना
और आँसू बहाते होंगे

मेरी आँखें ढूँढ़ती हैं अब उन्हें
और भर जाती हैं अव्यक्त दुःख से

देखा-अदेखा

जैसे औरों का मन मेरा भी
मैंने बाघ को देखना चाहा
बाघ की लम्बाई देखनी चाही
बाघ की उड़ान देखनी चाही
बाघ की छलाँग देखनी चाही
बाघ नहीं मिला ढूँढ़ने पर

चौकीदार मेरे साथ था निश्चिन्त और निर्द्वन्द्व
मैंने बाघ के पदचिह्न देखे
चौकीदार ने बताया वे पिछले पाँवों के हैं
अमूमन ऐसे ही मिलते हैं यहाँ
अगले पाँव के चिह्नों पर पड़ते हैं पिछले पाँव नपे-तुले

इधर देखो ये नरबाघ के चिह्न हैं
ये जो पूरे उछरे हैं मादा के
ये जो थोड़े अनउछरे हैं शावक के
ये जो ज़रा बेहतर हैं युवा के
कल ही रात गुज़रे हैं मस्ती में

आस-पास होंगे कहीं आराम फरमाते

इस समय खोजना—ख़लल डालना ठीक नहीं
मैंने बाघ को नहीं
बाघ के पूर परिवार को अनुभव किया
मैंने कुछ नरचिह्न भी देखे
और अनुभव की बाघ परिवार में
चौकीदार की सतत मौजूदगी
मैंने देखा पहली दफ़ा अदेखा पूरा बाघ परिवार कन्हर में

मदसूर्य

बचते हुए दौड़ते बचाए सिर अपना—और अब
फूट पड़ना चाहते अनुभव से बाहर
जुगत सबरी-सब निरुपाय एकदम
अलहदा मदराग में बेइन्तहा अधैर्य

उद्विग्नता इस क़दर कि कराह उठे पेड़ की कँटीली देह तक
छलक पड़ता था ज़रा-सी रगड़ से रक्त
अब अनथक रगड़ रहे बेक़ाबू
धाराएँ फूट कहीं धरती को भिगोती रोज़
निष्फिकरी के आनन्द में अभिनन्दन इतना
कि फूट पड़ें शृंग बनते अनुपम शिरस्त्राण

अलमस्ती में डूबा मदकाल का मुहूर्त
निर्द्वन्द्व घूमते झुण्डों में बढ़ रहा है बेक़ाबूपन और
बिखर रहा पत्थरों, पत्तों, पेड़ों, चट्टानों पर रक्ताभ

डूबा हूँ मैं मदकाल के निनादों में
कि मुझ तक आ रही है गन्ध

कि मुझमें जाग रहा है राग
कि मैं दौड़ रहा हूँ अपने से बाहर
कि मुझमें उग रहे हैं शृंग
कि मुझमें दौड़ रहा है बारहसिंगा

एक बूढ़े की पीठ

दीखता नहीं, होता है आस-पास अभिनन्दन में जागता
देखता हूँ मैं तो दिखती है बस
बंजर[1] और हेलोन[2] में शामिल हुई जाती
सुलकम[3] की दोस्ती

दोस्त मेरे बहुत दूर या जुदा मुझसे
शामिल तक नहीं आमन्त्रण में और यहाँ
कोई अनकही ख़बर भी जो उड़ती है महुल की बेलों से
साल की पत्तियों से फूटती लगती है आस-उम्मीद

कन्हर[4] में घूमता एक मैं, अधिकाधिक बाँच पाता हूँ
मौसम के अन्तिम स्वेदकण कि होते हैं मेरे देह अनुभव में जो
इधर नजीक के शुष्क तालाब के अन्तिम जलसंसार में
इतनी हलचल तो होती है कि सदापर्णी से फूटती
अन्तिम अस्फुट प्रार्थनाएँ इंदराज होती हैं शुरुआत में

1., 2., 3. नदियों के नाम, 4. राष्ट्रीय उद्यान कान्हा का पुराना नाम।

सूखती ऊँची घास के सघन मैदान की
अपनी भूमिका है जिसमें इन दिनों भागती है
हिरन मादा शृंगों को छुपातीं
ढूँढ़ती सुरक्षित जगह नज़र के पार

उछलकूद मचाते बन्दरों की ताँका-झाँकी से दूर
लेता है मृगछौना जन्म और यह ख़बर
फैलती है इतनी अचूक कि इसी समय
श्वेतकेशी घऊरा की डगालों पर जागता है पंछियों का सोहर

मैं जो अपरिचित इस जीव-जगत का प्रवासी
असमंजस और विरल उछाह में भरा
करता हूँ राह मृगछौने की तरफ़
आसन्त ऋतु की आहट में पास खड़े दीखते हैं सालिम अली

कहीं से आकर टकराता है मन्द समीर
एक पल को झपकती हैं आँखें
और आसमान से शुरू हुई बूँदा-बाँदी के बीच
एक बूढ़े की पीठ दूर तक, दूर होती दिखाई देती है
घास के मैदान से सुनाई देती है किसी के भागने की आवाज़

झपकी मेरी भी आँखें

मैं दादर* के इलाक़े में निकला कि इस तरह
निकलना कब का बन्द हुआ
आँखों के सम्मुख दूर तलक जाड़ों में जन्मे
बीज और घऊरा के पेड़ों के माथों पर
सफ़ेद झूमती बेलों का जीवित छायाचित्र
इतना जीवित था मानो असंख्य श्वेतकेशी बुजुर्ग
अलस्सुबह चहलक़दमी को निकल पड़े हों

दूर कहीं से चीतलों ने गुहारा
दृश्य में मैदान के उस बाजू दसेक जंगली मुर्गियाँ थीं
जो हिरनों के पाँवों के आर-पार दौड़ रही थीं और
चोंच आकाश की ओर किए आवाज़ें निकाल रही थीं
मैं जैसे अव्यक्त आनन्द में भरा जाता था देखता

सामने बीस-पचीसेक लंगूरों का समूह था
अपने दिन के लिए उछलकूद में तैयार होता

---

* कान्हा राष्ट्रीय उद्यान का इलाक़ा।

उनके पड़ोस में एक मादा चीतल थी
जो चरने की जगह पर अपने छौने के
एकदम नजीक और इतनी सचेत थी कि
कन्हर के लिए तैयार होते भविष्य पर गर्वोन्मत्त

तभी बाघ की आहट पर पशुओं की भागमभाग ने
जंगल को जैसे आकण्ठ घेर लिया
आहट से बाहर एक भव्य बाघ दृश्य में नमूदार जो
मस्त चाल में बंजर नदी की सीध में हुआ
पशुओं ने रास्ता छोड़ उसका स्वागत किया

वह ठीक नदी के किनारे था पत्थरों पर अगले पाँव टिकाए
अगले ही क्षण वह नदी में दाख़िल हुआ
और उसकी कोमल जिह्वा ने जल स्पर्श किया
अलौकिक आनन्द में डूबे थे नदी और बाघ

तृप्त हो उसने आसमान की तरफ़ चेहरा उठाया
आँखें जैसे धन्यवाद में झपकीं
झपकीं मेरी भी आँखें

चिड़िया की देह की झुरझुरी

इस नियोजन में बहुत दूर हूँ
चीज़ों को नजदीक लाने का भ्रम पाले

वहाँ उजाला कम है
पेड़ दीखता है पेड़ प्रतिबिम्ब-सा हिलता
हो सकने वाले अद्‌भुत जीवन से जुदा
और पेड़ पर बैठी चिड़िया
होकर भी नहीं होती
यहाँ तक नहीं सुन सकता कोई उसका स्वर

असहमत हुआ और खीझा
इस व्याकरण पर मुझे कोफ़्त हुई
आतुरता इतनी कि बदल दूँ यह नियोजन

इसके पूर्व कि कुछ कर पाता उद्विग्नता में
कोई आवाज़ आयी भीतर से
और यह मशीन की तो बिल्कुल नहीं
कुछ भीतर था जो बोल उठा

चीज़ों का स्थान अपने क्रम में
होता है साफ़ और समीप
जब दूर का दृश्य होता है कहीं
चलते रहने पर आता है नजदीक

यात्रा सिर्फ़ मनुष्य को नहीं
करनी होती है तय मशीन को तक
व्याकरण के विरुद्ध जाना
उस सबका निषेध है जिससे
दूर से समीप पहुँचा जा सके

पहुँचने के आसान रास्ते को त्याग
मैंने दूर का जीवन देखा
कि पास के जीवन तक पहुँचूँ
यह अब दृश्य नहीं था दूर का
आत्मा में हिलता समूचा पेड़ था
चिड़िया की देह की झुरझुरी तक रिकार्ड होता

अनबोलना

बाघिन के डुकरने से टूटा जंगल का मौन
पास कहीं बकरी का नवजात शिशु मिमियाया
पता न था उसे बाघिन का अर्थ
सहमने को उससे सहमा वह या कहें डरा

मौज़ूद न था कोई और आस-पड़ोस में
बाघिन की उपस्थिति उसके चेहरे पर थी
उसके लगातार मिमियाने से डरा मैं
बाघिन ने दबे पाँव बनाई राह और
एक छलाँग में बच्चे के सामने थी
चीख़ जैसे उठी हलक से और वह सिमटा अपने भीतर

बाघिन ने भरी आँखों देखा बच्चे को
अनबोलने में बोला गया अव्यक्त कुछ
बच्चा आगे बढ़ा और सूँघने लगा
वह दुबक को त्याग पाँवों के समीप था

रुकी जैसे जंगल की हृदयगति

अकस्मात लपकती जीभ बाहर उभरी
बाघिन ने कुछ और सम्भावित क्रिया की जगह
बच्चे को चुमकारा और झपकाती अपनी आँखें
एक छलाँग में हुईं दृश्य से बाहर

बच्चा कुछ दूर पीछे भागा और
ओझल हो गया कन्हर में
पेड़ों ने राहत की साँस ली
पाखियों ने डालियों पर चहकना शुरू किया
दूर कहीं बाघिन के डुकरने की आवाज़ सुनाई दी
पास कहीं बकरी के बच्चे ने मिमियाना शुरू किया

कतराता रहा जिनसे

भरी दुपहरी निकला घूमने
धूप बेइन्तहा चमकदार थी
दूर तक कोई पशु आँख से नहीं गुज़रा
जलाशय की चमकती आँखों ने मुझे पुकारा
कि इस तरह कोई और पुकार जीवन में नहीं थी

फाँदता झाड़ियाँ मैं उधर जा पहुँचा
मटमैले पत्थरों में एक गोह थी
जो केंकड़े से खेल में व्यस्त थी
अपनी भूख से कदाचित सन्तुष्ट इतनी कि
पास पड़े घड़ियाल के अण्डों से लापरवाह

यहाँ तक अपने होने से बेपरवाह-बेतकल्लुफ़
वह बस डूबी थी अनोखे राग में
उसकी देह मुझे आकर्षक लगी पहली बार
केंकड़े के चित्तेदार सलेटी रंग पर
जीभ कुछ ऐसे घूम रही थी मानो
उतारती हो पीठ के बदरंग रंग

एक जो जुगुप्सा थी बचपन से कुछ रंगों से
जाती रही मेरे भीतर से
मुझे ज़्यादा ज़रूरी लगे वे रंग सृष्टि के
कतराता रहा जिनसे अब तक
जी भरके देखी मैंने केंकड़े की देह आज
मन भरके डूबा रहा आज मैं गोह में

मनुहार

न पूरी तरह जागने, न ही सो पाने के बीच
जब मैं लड़ रहा था अपनी नींद के लिए
'डिस्कवरी' पे देखा मैंने वह युगल और
पहुँच गया 1986 की उस श्वेत-श्याम दोपहर में
जब मैं रामू बैगा के साथ 'कन्हर'* में था
सालों बाद बचपन में छूटी हवाओं की छागल सुनते हुए

रामू तो जैसे सतपुड़ा का दुलारा
'कन्हर' के इलाक़ों का उस्ताद मुसाफ़िर
उसकी रगों में दौड़ती जंगल की क़ायनात
देखने का क़ामयाब हुनर उसमें
सुनने-सूँघने की विलक्षण शक्ति
कि पहचान ले पशु-पक्षी को हल्की आहट से

जब मैं उतरा उस दृश्य का सिरा पकड़े, मैंने देखा
रामू की उठी हुई अँगुली एक मैदान की तरफ़ थी

---

*कन्हर-कान्हा अभयारण्य

और वह एक अव्यक्त रोमांच में लरज रही थी
उसकी आँखों में नूर-सा बरस रहा था

वह बोला—'देखिए, जो मैं दिखाने लाया था'
मैंने उसकी अँगुली की दिशा में चेहरा घुमाया
वहाँ चीतों के दो मस्त जोड़े थे

नींद के हल्के ख़ुमार में डूबे बेख़बर से

रामू के इशारे की सीध में एक जो जोड़ा था
बाक़ियों से मदमस्त सजीला और दिलक़श
चुहल की तबीयत में रवाँ
एक वृत्त में दोनों एक-दूसरे के पीछे डोल रहे थे
वे रह-रह के एक दूजे के कन्धों को जीभ से सहला रहे थे
सटा के गाल आपस में जब खड़े होते
कोई बेताब-सी लहर दौड़ती-फिरती

बताया रामू ने कि उनमें एक जो अधिक शोख़
दीखने में कम उमर, मादा थी
जवान मादाएँ बरहमेस उमरदार साथी पसन्द करतीं
मैं उस अदेखे रोमांच को नसों में अनुभव कर रहा था
मादा की आँखों में हसरतों के धधकते फूल थे
वहाँ से देखी जा सकती थीं वे जुम्बिशें
जो उनकी पूँछों में जाग-जाग उठती

बीच-बीच में दूरबीन के लेंस की सीध में
एकदम नजीक से देखा मैंने कि वे

एक-दूसरे को कभी टाँगों, कभी काँधों पे
कँपकँपाते दाँतों से काट रहे होते
कि मानो रग-रग में मदिरा का सैलाब
और वो उनका आँखें मूँदना अनोखे सुख में
कि जैसे आनन्द की आलाप स्थिति का भँवर
और हवा इतनी लतीफ़ थी कि उनकी साँसों में
ज़रूर कुछ ऐसा बह रहा था कि वे
एक-दूसरे के देह पुष्पों को सूँघ रहे थे हुमक में

रामू लगातार कुछ बताने की गरज से कोंचता था
और मैं बस सामने की सजीव कविता में डूबा
कि अजब एक बेताब लहर रूह में सरसराती
उधर हरी फ़िजा की मखमल पे
मादा अपना मनुहार भरा पंजा उठा रही थी

देखा मैंने उसने चूमा उसकी पीठ
और जैसे ही सूरज की तरह पहाड़ी की पीठ पे हुआ आरूढ़
हवाएँ बहने लगीं नये रंग-रूप और सज-धज में
रोशनी के उतरते झरने में
मैंने उस रोज़ अपना अन्धकार देखा

सिर्फ़ गिलहरी

यह भोईपुरा का कोना है ठीक तालाब से लगा-सटा
ढलान के पास ही वह पीपल जिसकी कई एक
उभरी जड़ों में उस एक से बँधा है
कद्दावर घोड़ा धूसर चपल-चुस्त

वृक्ष के तने से हिलगे उस मन्दिर में
क़ैद है कोई देवी निष्पन्द

सिर्फ़ एक गिलहरी है जो घूमती रहती है निर्द्वन्द्व
मन्दिर के ऐन सामने पकड़ के लायी जाती हैं मछलियाँ
उनके गलफड़े शक्ति भर खुल-खुलकर
समेट लेना चाहते हैं जीवन हवा
उनकी कातर आँखों से झाँकती है अन्तिम विनय और
खुलते बन्द होते मुँहों से क्षीण गुहार

यह भोर का समय है जबकि घोड़े की पीठ पर
बुना जाता है नायलॉन का जाल

तीन व्यक्ति हैं व्यस्त झुटपुटे से
घोड़े की अपनी समझ है,
नज़र बचाए वह चबा लेने की जुगत में जाल
झिड़का जाता है बार-बार

फिर भी घोड़े की अपनी डेढ़ टाँग
हारथक एक व्यक्ति उठा लाता है टाट का ख़ाली थैला
कसकर बाँध दिया जाता है जो घोड़े के मुँह पर
हँसते हैं ठहाका मार तीनों और जुट जाते हैं फिर
घोड़ा डूब जाता है किसी सोच में और यह क्या?

वह मारता है बिजली-सी तेज़ दुलत्ती
जाल अब टापों के नीचे
सुबह की किरणों में रह-रहकर चमक उठती है नाल
घोड़ा जैसे सनक में करता है जाल तार-तार

सहसा उनमें से एक उठा लिए कोई भयानक विचार
घोड़े की पीठ पर उमचती बेंतें थीं और वह
बेंत की कठिनतम भाषा से परे
अपनी आँखों में भर रहा था तालाब

जल में हलचल थी
मछलियाँ अब घोड़े की आँखों में थीं और जाल-ध्वस्त
(वे तीनों अब चुप थे जैसे देवी)
सिर्फ़ गिलहरी थी जो घोड़े के घावों के आस-पास घूम रही थी

घोड़ानक्कास

घोड़ानक्कास से ज़्यादा उदास है कोई जगह इस शहर में यहाँ
घोड़े इतने कम दिखने में कि मरे बहुत
और इस तरह घोड़ानक्कास मरा

जाने किस खटके में तहमदबाज़ भोपाली किस-किसकी तलाश में ग़ायब
मौजूद इक्का-दुक्का तो कुछ ऐसे बेंतबाजों की तरह डोलते-घिघियाते
ढूँढ़ते अपने पुराने क़द्रदान
रिझाते याद दिलाते ताँगे का नव्वाबी मज़ा

मुई राजधानी बाक़ायदा बड़ों के क़ाबिल हुई
घोड़ानक्कास नये खटराग में जैसे भूल बैठा क़व्वाली की नशीली रातें
भूला नमक में बोलती चाय का लुत्फ़
जैसे बीत गयी घोड़े के टापों की पकीली लय क़रीब

फर्राटे भरते ऑटो-मिनी बसों के बीच
गयीं वो मटरगश्तियाँ, वो फब्तियाँ गयीं
उठी पीतल की नक्काशीवाली वो दुकानें
पहियों को रंगरोशन करते वो लोग उठे

चली वो वार्निश की गन्ध चली और वो
हार्सपॉवर की इबारत कि जिसपे नाज़ हमें

नाल उतरी-सी खड़े हैं घोड़े
ऊँघते बचे-खुचे से तहमदबाज़
लो गया कैफ़ का मुहल्ला गया और
वो गुलियादाई की गली भी गयी

आख़िरी साँसें हैं ये कल्चर की
अब वो अख़लाक़ की दीवानगी कहाँ

नज़र लग गयी इसे ज़माने की
सँभलकर चलना यहाँ सड़कों पर
ठहरकर हँसना यहाँ सड़कों पर
काली छायाएँ डोलती हैं यहाँ, नया भोपाल है यह भाई मियाँ!!

कीट

1

कीटों को देखा है कभी
भीख माँगते

तो क्यों घूम रहे हो
कटोरा उठाये

2

कीट आगे की ओर उड़ सकता है
ऊपर उठ सकता है
नीचे डाइव लगा सकता है
बीच हवा में रुक सकता है
अपनी ही धुरी पर घूम सकता है
गतिहीन ढंग से फूलों पर स्थिर रह सकता है

क्या आपका बनाया विमान
ऐसा कर सकता है?

प्रेम में चिरलीन

प्रेम में चिरलीन इतने
कि कब टूटे पंख
उद्दाम आवेग में
पता नहीं दीमकों को

पता उन पंखों
को भी कहाँ?
जो धरती पे
काँप रहे ऽ ऽ ऽ

जुड़ा होने का विश्वास
इतना अधिक
कि उड़ने के स्वप्न में
अब भी जैसे सिहरन
जीवन की

मृत्यु के ऐन सम्मुख
जीवन का गान

पहली बारिश के बाद

पहली बारिश के बाद
केलि का झुटपुटा यह
आकाश में सिहरन
आलिंगन के मनोहारी दृश्य

इतना उत्ताप
कि त्याग के अपने पंख
समागम की सुखद समाधि

बाद इस अपूर्व सुख के
रेंगते हुए धरती की शरण
अब खड़ा होगा
संतति के स्वागत में
मनोरम दीमक घर

तानागिरू[1]

और दिनों से एकदम अलग है आज का दिन यहाँ

सुबह-सुबह निकलेगा पहली बार आज
उठाए तीर-कमान अपने बलिष्ठ कन्धे पर
और प्रतीक्षा में होंगे सब बच्चे, जवान, बूढ़े

झूम उठेगा समूचा गाँव
मार के लौटेगा जब नुकीले दाँतों वाला ख़तरनाक सूअर
उसके जीवन का अद्भुत समय है
कि होगा आरूढ़ शिकार के सीने पर
निकालता रक्त, जमाएगा खून के थक्के
और खाएगा आनन्द-विभोर हो पहले-पहल
(अपने शिकार को गर्व से खाने का पहला दिन है आज)

बीस दिनों तक रोज़ जाएगा जंगलों में अकेला

---

1. तानागिरू : अन्दमान की दुर्लभ जनजाति ओंगी का सबसे महत्त्वपूर्ण संस्कार समारोह है तानागिरू। यह ओंगी के जवान सिद्ध होने पर आयोजित किया जाता है।

और मार लाएगा एक से एक ख़तरनाक सूअर वह
प्रतीक्षा में ओंगियों का गाँव
रोज़ देखेगा उसका भरपूर जवान होना
और संस्कारों से एकदम अलग है 'तानागिरू'
डुगांगक्रीक की सबसे बड़ी ख़बर है आज
कि अभी-अभी एक लड़का हुआ है जवान

और इस तरह एक और रक्षक ओंगियों का

जीना भूल गये

आतंक के भय से
उठा लाये थे
जिन जानवरों को बच्चों सहित

इतने पालतू हो गये
चिड़ियाघर में

भूल गये शिकार करना
जीना भूल गये

छुट्टियाँ

परिंदे भी
छुट्टियाँ मनाते हैं

लो साइबेरिया से
आ गये वे

भंग न करें उनकी शान्ति

अपनी छुट्टियाँ मनाने
कहीं और निकल जाएँ

स्वाद के अनन्तिम शिखर पर

आप एक जादुई संसार को भूल चुके हैं
अब अगर शेष हैं तो बचपन की
कुछ आधी-अधूरी स्मृतियाँ
या मस्तिष्क में कभी-कभार लौटने वाले
आधे-अधूरे बिम्ब

इनके पुनर्वास के लिए
चाहिए अब एक सनक भरी आवारगी
बदमस्तियों में डूबने की कला
इस तरह लौटना कि पहले की तरह
हो उठना दीवाना दरवेश

कुछ इसी फक्कड़ी में लौटा मैं
मण्डला से होता हुआ सतपुड़ा के जंगल में
हल्की बारिश में स्वप्न सरीखी
बचपन की वानस्पतिक दृश्यमाला के बीच
नृत्यांगना सी बारिश नृत्यलीन थी आलाप में
पक्षियों का मृदुल गान

और हवा की लतीफ़ संगत
नई-नवेली कोंपलें जैसे चेतना में उगती

साथ में 'मरकाम' फ़ॉरेस्ट गार्ड
रास्तों का उस्ताद और जंगल का समागन
भागने के विरुद्ध जगह-जगह रुकने वाला

हम बाँसों के सघन झुरमुट के पास
मैं देख रहा बाँस के अनेक आकार-प्रकार
यह जो उग रहा घास सा कृशकाय
और यह आकाश से संवादरत
लगभग 50 मीटर ऊँचा और स्वस्थ
पास इसके कितना लचीला
कि प्रेमिका की तरह बाँहों में झूलने को आतुर
और इसमें जो मँझोला गाँठों से भरा
जिसमें उग आयीं गाँठमुख पर आँखें
मैंने हल्के-से छुआ और रोमांच से भर उठा

मरकाम जी ने बताया तुरत कि इतने सचेत
यही है वंशलोचन
मैंने देखा ध्यान से वह सफ़ेद स्फटिक-सा
बिल्कुल बचपन में आरती के साथ
चला आया जो कपूर अनुभव-सा

मरकाम जी अपने अँगोछे में बड़े जतन से
बाँस में फूटते कोमल कल्लों को अबेर रहे थे
और मैं आश्चर्य में बहोत

शाम की आमद के चिह्न गहरा रहे थे

अँधेरे में डूबने को था वनसमय
इसी बीच सरसराता हुआ कोई जीव
हमारे पाँवों के पास से गुज़रा
और गुम हो गया बाँसों के बीच

मरकामजी ने इशारा किया कि यह लौटने का संकेत

सो हम जीप में सवार और
रेस्ट हाउस की तरफ़
पेड़-पौधों के बीच से होते हुए चल पड़े
रेस्ट हाउस पहुँचते-पहुँचते
बारिश द्रुत संगीत में डूब चुकी थी
जैसी कि भूख भीतर नृत्य मुद्रा में

रसोई का काम मरकामजी के जिम्मे था
और वह अब दूसरे रूप में था
वह महुए का फूलरस मेज़ पर रख गया
साथ में भुने हुए चने, प्याज़ के टुकड़ों के साथ

मैंने पहला घूँट लिया और वो भीतर
बाघिन-सा छलाँग लगाने लगा
उससे खेलने के लिए उदर में
चने और प्याज़ हमजोली बने
मैं उनके भरोसे फूलरस में डूबने लगा
मेरे ट्रांजिस्टर से सुरैया गा रही थी

जो फूलरस सरीखी मादक थी

इतनी देर में रात का गरमागरम भोजन था
कुल जमा आलू की सब्ज़ी
जिसका रस कुछ-कुछ हरा
एकदम नय-सा स्वाद अनुभव लिये
मैंने 'मरकाम जी' की तरफ़ देखा और
कहा उसने वही 'बाँस के कल्ले'
जो मैं बटोर रहा था तब

और मैं जैसे स्वादेन्द्रिय को
अपूर्व तृप्ति में पा रहा था
एक दिव्य रात जो फूलरस के साथ
बाँस के कल्लों के कोमल अहसास में निमग्न
कि भीतर फूट रहा था कल्लों का अद्भुत रस
जैसे इन्तज़ार में अभी कुछ और आश्चर्य था
भोजन के बाद आदिम स्वीट डिश
ताज़ा शहद में उन्हीं कल्लों का रस परिपाक
एक दुर्लभ मिठाई हठात जीवन में

बस अँगुलियाँ थीं रस में डूबीं
मैं जिन्हें किसी मथुरा के मिष्ठान्न प्रेमी की तरह
चाट रहा था इस भाँति
कि कुछ छूट न जाए ग़लती से भी

मैं जैसे एक याचक-सा
बस आँखों ही आँखों में कह रहा था

और-और थोड़ा और
खाता हुआ इस ढीठ अदा में
मैं स्वाद के अनन्तिम शिखर पर था

रस के फूटते धारों से
भीग उठी थी आत्मा की अतल गहराई
मुझे याद रहा था माँ का रस में भीगता आँचल

मक्खीपानी* का समय

मर्ज़ी से आपकी खिल उठे फूल, बहे हवा
दौड़ पड़ें वे सब ऐसा मुमकिन नहीं

और न ही यह सम्भव कि तुम्हारे इशारे पर
हम लपक पड़ें पेड़ों की तरफ़ बेसाख़्ता
धूप को कुछ और तेज़ होना है अभी
चन्द्रमा को चमकदार
फूलों में रंग चटके नहीं इतने कि
पराग बरस उठे भीतर से अपने-आप

खिलखिलाकर हँसेगी धूप जब कभी और
नृत्य करेगा चन्द्रमा तारों के बीच
वे उतरेंगी अपनी मनपसन्द डगाल पर

आना उसी दिन लौटकर जब गा चुकी हों वे सोहर की
अन्तिम पंक्तियाँ

---

* ओंगी जनजाति शहद को मक्खीपानी कहती है।

और इतना भरपूर हो उठे छत्ता कि
मगन हों वे सौंपते अपनी रचना

मर्ज़ी से आपकी तोड़ नहीं सकते उसे हर कभी
अभी पूरी नहीं हुई उनकी कविता

कि मक्खीपानी का समय नहीं यह

सिर्फ़ एक बच्ची आती है

किशनगढ़ कहो
या पन्ना का अभयारण्य
वन तो वन है
जहाँ जीवित हैं
ख़ूँखार आदिम सभ्यताएँ

घोड़े पर सवार
बिरजिस और बूटों में
किसी पुराने राजा
या ज़मींदार की तरह
कोई व्यक्ति गुजरता है
अब भी शान से
और कुल्हाड़ों के वार
हो जाते हैं सहसा तेज़

जिधर भी घूमता है—वो
पेड़ सलामी में गिरते लगते हैं
धड़ाधड़ और

हिरन के मांस की गन्ध
उसकी हवेली को लेती है घेर

आदमी और वन
जहाँ खड़े होते हैं
वहीं खड़े रहते हैं चुपचाप

सिर्फ़ एक बच्ची आती है
सघन वनों से
और वो अपनी पूरी
ताकत के साथ दौड़ती है
उस तरफ़, जिधर से उठ रही
है मांस की गन्ध

आदमी और वन
फिर भी वहीं खड़े रहते हैं चुपचाप

—

समाए अपने भीतर समूचे पेड़ की इच्छा

लपलपाती कुल्हाड़ियाँ हैं हर तरफ़

पेडॉक[1] काँपते हैं जड़ों तक
बदलती हैं चिड़ियाँ घोंसले
और आदिवासी झोंपड़ियाँ

दिल्ली की बन्द आँखों में
नहीं होती कोई भी हरकत जब
पेड़ों से टपकते हैं हर आँसू
पहुँचते सीधे समुद्र की आत्मा तक

नहीं होता कहीं से कुछ भी सम्भव
समुद्र उठता है आसमान तक
बरसने ठूँठों पर

---

1. पेडॉक—सागौन की तरह अंदमान-निकोबार द्वीप समूह का एक कीमती पेड़, जो अन्धाधुन्ध कटाई का शिकार हो रहा है।

समाए अपने भीतर समूचे पेड़ की इच्छा
फूटती है फिर कोई फुनगी

जो खड़ी हो उठती है एक बार फिर
उसकी कुल्हाड़ियों के ख़िलाफ़।

डोंगी का गीत

दुःख में हैं हम सब और कचोट मन में
कि पेड़ तुम्हें काटना पड़ा, करते हुए कोमल पत्तों को जुदा
काटी शाखाएँ भी, निकालकर मजबूत तना
छेदते रहे अस्त्रों से बीचों-बीच
जब टपक रहे थे हरे आँसू अनवरत पेड़ से
हमारे भीतर ललक थी डोंगी की

जूझते हुए खुद से बनाई हमने डोंगी
हो सकते थे जब औरों की तरह प्रसन्न
व्यथित थे सबके-सब, तब भी

चीरते हुए समुद्र का विराट सीना
करेंगे शिकार अब मछली और कछुओं का
भर उठेगी डोंगी खुशबू से
लौटेंगे शिकार लिए पहले-पहल जब
पहुँचेंगे बिना चूक उस कटे-बचे पेड़ तक
और भेंटेंगे शिकार का पहला हिस्सा, करेंगे क्षमायाचना
कि किया हमने जीवन नष्ट

रखेंगे सदैव ध्यान कि रखें डोंगी
बचे पेड़ के उसी कटे हिस्से के पास
कि वह महसूस कर सके
जुदा अंग का अपने पास होना।

समुद्र की प्रार्थना

हम गाते हैं
समुद्र की प्रार्थनाएँ
कि सलामत रहे 'केनो'[1]

हम गाते हैं
समुद्र की प्रार्थनाएँ
कि सलामत रहे 'क्वालाण्डा'[2]

हम गाते हैं
समुद्र की प्रार्थनाएँ
कि सलामत रहे 'चमेरे-बेर[3]

हम गाते हैं
समुद्र की प्रार्थनाएँ
कि सलामत रहे 'ता-चोई-चा-लोक'[4]

---

1. नाव, 2. झोंपड़ी, 3. आग जलाने की लकड़ियाँ, 4. धनुष-तीर बनाने की लकड़ियाँ।

हम गाते हैं
समुद्र की प्रार्थनाएँ
कि सलामत रहे समुद्र।

अभी भी शेष है बहुत, और बहुत कुछ

द्वीपों में दूर-दूर छितरे हैं लोग-बाग
जिनके हिस्से में सुरक्षित है
वर्षा का संग्रहीत जल

इस दृश्य से बाहर
न कुआँ
न नदी
और न मीठा झरना
और हज़ारों-हज़ार आदिवासी
संघर्षरत अँधेरे द्वीपवनों में

उनके लिए हैं नारियल फल और बेंत समूह
जिनमें सुरक्षित है
उनके हिस्से भर जलराशि

अभी भी शेष है बहुत, और बहुत कुछ।

लूट

मची है लूट चौतरफ़
जंगल ही नहीं
समूची धरती इस दायरे में
आज एक ताकतवर के पास
कल किसी और के कब्ज़े में
और अब
कार्पोरेट कम्पनियाँ
और बहुराष्ट्रीय ठेकेदारों का माफ़िया

फिर भी बची रहती है
लूट-पाट के बाद इतनी जगह
भले ही
समुद्र की अतल गहराइयों
या कि सुदूर इलाक़ों में
जहाँ उगता है कुछ न कुछ
और बचा रहता है पौधा
पौधे पर उगता फूल
कोई न कोई अन्न
और कोई जीव
मस्ती में डोलता-नाचता

कोई उत्तर नहीं

किस दुःख में है कि क्रोध में वह
या कि समुद्र का वह कोई छिपा अल्सर
कि इस कदर ज्वालाएँ फूटतीं बैरन* द्वीप से
प्रशान्त दीखने वाला वह
कितना बेचैन कि बेहाल डोलतीं पत्तियाँ
एकाएक धुएँ की गिरफ़्त में
बालुई किनारे किस क़दर लावे में दहकते

चश्मदीद हूँ मैं उन मनोरम दृश्यों का
कि जब पूर्णिमा का चाँद उतर आया था उस रोज़
लहरों के नृत्य पर उसका ठुमकना
मानो एक अजाने छन्द की सृष्टि
व्याकुल थी मेरी भाषा एक नये बिम्ब के लिए
पलकों में कितने सपने
कि बचा लूँ नीले-गुलाबी जीवाश्म
चट्टानों की बीच हरियाते तृण

---

* अंदमान निकोबार का अकेला द्वीप जहाँ सजीव ज्वालामुखी है।

और अब ये फूटती दरारें और उबलता गुस्सा
इस अचानक स्वभाव के व्यवहार की ज़द में
फड़फड़ाते परिंदों का शोर
पेड़ों पर शहद मक्खियों का अधूरा आनन्द संगीत
मुरझाती हवा का दर्द

चींटियों में मची भगदड़
मुमकिन है इस अचानक क्रोध की ख़बर हो उन्हें
और वे भाग रहे हों नये ठिकानों की खोज में

लेकिन इस सबके बावजूद
जीवन को समेटते ये सब आख़िर उठाए
अपने घर-परिवार का दुःख
कितना और कब तक भागेंगे

कोई उत्तर नहीं है इसका मेरी कविता के पास।

इच्छाएँ अपनी जगह खोजती रहती हैं

शाम होने को है और मावठा बरस रहा है
अजब सुस्ती कि अनमना पस्त मैं
तलब चाय की बेतरह लेकिन रसोई जैसे एक लम्बा दूर दृश्य
काहिली में बिखरा सामान चौतरफ़
सोने-जागने का मन धुँधलके में खोया कहीं
बिछौना मेरी दुनिया भीतर बस और मावठा द्वार खटखटाता

दो एक किताबें, अख़बार और एक पुराना एलबम
पढ़ने की कोशिश से ऊबा पटलता हूँ
बहुत-सी तस्वीरें हैं जिनमें लोग कुछ, चार छह जाने-अजाने
जिनसे गुज़रता ठिठकता हूँ और वहाँ है एक अचीन्हा फोटोग्राफ़
रंगों को छोड़ रहा एक श्वेत-श्याम बचा मौजूद बस
अमूमन संग्रहालयों में दिखाई पड़ जाते हैं जैसा एक
खींचता अपनी तरफ़ या पुकारता

बिन चाहते उतर पड़ता हूँ उस रास्ते जो कि उसमें है
सुनाई पड़ती है मद्धिम लौ सी लरजती आवाज़
जो देती है पहचान भरी होने का भ्रम

परिन्दों का अदृश्य फड़फड़ाहट भरा शोर है रास्ते भर
मानो मेरे आने की धमक से पैदा हुआ

मैं चलता हूँ जैसे नींद में चलने की आदत का नया अनुभव
पत्तों-डगालों पर करवटें बदलता मेरा बेदख़ल समय
कुछ निढाल से अस्पष्ट पाँव चट्टानों के बीच गुजरते गुम होते
कुछ पीठ काली-धुस्स एक पल के चमकने-होने के अहसास में
मुट्ठी भर आधे-दूधे पेड़ हैं ऊँघते-हिलते
हवा अपने होने में इतनी हलाकान भरी कि
मेरा डर हुआ दूभर पसीने में साँस खींचने को

बकरी के जिबह होने से पहले की करुण चीख-सा मैं
टकराता किसी शीशे की गोलाकार वस्तु से
लुढ़कती-चीखती है पत्थरों से टकराती और एक अनाहत चुप
पलटकर देखता हूँ इस कर्कश चीख़ के अन्तिम पड़ाव पर तो दीखती है पेप्सी
पड़ोस में जिसके एक खुला-सा पैकिट चमकता मुँहफाड़े अंकल चिप्स का
कुछ रंगीन कागज़ क़ीमती किसी मैगज़ीन के सरसराते
कोई छाया लगती डोलती पेड़ के अन्तिम ठिकानों पर
अजाने डर में आकण्ठ डूबा या कि डर से मिलने के दुस्साहस से भरा
जोहता हूँ बाट तिस पर कि तस्वीर में छूट गया मुर्गा बाँग दे

पहुँच से दूर हुआ घर कि पकड़ से बाहर सब
भाषा में नहीं संकेतों में पुकारते हैं लोग कि पुकारना मुश्किल
कहीं निकले सब लौट आते हैं एक दिन
इस विश्वास में चढ़ा आया हूँ कुण्डी भीतर से कि
मावठा बरस रहा था

जगहें सब कुछ बदलकर रख देती हैं एक रोज़
हम निकलते हैं एक जगह को और कहीं चल जाते हैं दूसरी सिम्त
विस्थापन की प्रक्रिया में बचा रहता है फिर भी बहुत कुछ
भले ही पुराने दिनों का फोटोग्राफ एक अदद
यह और बात है कि लौटने का रास्ता बन्द करता जाता है कोई

अचीन्हे दृश्य के इस अबूझ संसार में अलग-थलग
चाहता हूँ खोजना कि इस जगह से बाहर मेरा घर
मैं यहाँ हूँ और भूला नहीं कुछ
लौटने का समय होता है तो वह होगा देर-सबेर
जैसे यह मेरे बच्चों के लौटने का समय
जैसे लौटने का या घर में जगह घेरने का मावठे का समय
मैं जिसे छोड़ आया था अपनी तंगसुस्ती में

अब इस अँधेरी सुरंग में हूँ अन्धकार बूझता
एक तीव्र इच्छा है जीवित चीजों में लौटने को विकल
कुण्डी खोलने की इच्छा
बच्चों के लिए रसोई में पहुँचने की इच्छा
मावठे को गरमागरम एक कप चाय पिलाने की इच्छा
इच्छाएँ अपनी जगह खोजती रहती हैं

एक फल के टूटकर गिरने का विरोध

नहीं उगतीं पत्तियाँ
चिड़ियाँ बसेरा नहीं करतीं
खोखल में छूट गये अधकुतरे फलों से
नहीं उगता कोई और पौधा

एक अजगर लिपटा रहता है हरदम
लोग बरकाके रास्ता निकल जाते हैं दूर से
कुल्हाड़ी के कुछ गहरे निशान हैं हर तरफ़
बहते रहते हैं पेड़ से आँसू या कि रक्त

नदी टकराती है भरसक जड़ों से सुबह-शाम
रात डूबती है आकण्ठ बेचैनी में
काले हो गये हैं वनरक्षकों के हाथ
कुछ हैं जो सिर्फ़ अँगुलियाँ मरोड़ते हैं
कुछ दिन भर के प्रदर्शन से ऊब
गोश्त काटते हैं कसाई से ज़्यादा सुरुचिपूर्ण

शराब बहती है पास के गेस्ट हाउस में

दागता है कोई पियक्कड़ बेसबब गोली
नींद में डूबे पक्षी पंख फड़फड़ाते हैं
इन सबके विरुद्ध होती है कहीं मद्धिम आवाज़
एक फल के टूटकर गिरने का विरोध
और चतुर्दिक पत्तियाँ सरसराती हैं

जिसे मैं पढ़ सकता था

किसी पुराने खण्डित बुर्ज-सी भयावह सुन्दरता
सघन वन अब उतने सघन नहीं
आदिवासी अब उतने आदिवासी नहीं
पोशाक-पहरावा तहजीब अब वैसा कुछ नहीं

कुछ अजीब से दृश्य और ख़बरें
जंगल में चोरियाँ
सई-साँझ गाड़ियों का लुटना
सरकारी कारिंदों की हत्या
चोर उचक्के, हत्यारे भील-भिलाले मरने-मारने पर उतारू

नहीं जानता कोई कि यह सब क्यों
सोचते ये सब उतरता हूँ बस से यात्रियों के हड़बोंग में
और देखता हूँ दूर तक छितरी मटमैली खपरैल बस्ती

तेंदू, सलैया, चिरोंजी, आँवला और
कुछ आम और बाँस के झुरमुट
बीच-बीच में स्याह चट्टानों के उत्तुंग माथ

यदा-कदा उन पर दिख जाता कोई पखेरू

दहाड़ते थे शेर कभी रात भर और
चीते थे आमदरफ़्त यहाँ
कहते हैं बस कभी-कभार कोई भालू
शहद की तलाश में भटकता दिख जाए तो बहोत

खेतों में अब सांती, कुटकी और बाजरे की जगह
दूर तक फैला सोयाबीन का साम्राज्य
बस स्टैण्ड पर अपरिचित कहीं ज़्यादा
और होटल पर मालिक तो इस मिट्टी का नहीं
पानिया, राबड़ी और हाथ सिंकी बाजरा-मके की रोट की जगह
फटाफट कोफ़्ता, मुर्ग़ बिरयानी और तीतर-बटेर

कोने में दुबके एक अशक्त उदास बूढ़े के पास मैं जा बैठा
उसकी आँखों में कोई लम्बी दास्तान थी
ज़िन्दा होने की ललक मीलों तक ग़ायब
पर एक खिड़की थी उम्मीद की जहाँ से मुझे अन्दर ले लिया गया
वहाँ सूरज का ताप था लेकिन बुझा
चिड़ियाँ थीं पस्त और बेदम
पेड़ थे अपनी जगह और पहचान खोते
पूर्वजों के अक्स जंगलों में जगह-जगह लेकिन निर्जीव
तीर-कमान थे अन्दर की अलगनी पर दम-तोड़ते
दूर-दूर तक कारिंदों की गश्त थी और
हाँफते-भागते आदिमजन
महुआ, ताड़ यहाँ तक औरतें क़ब्जे से बाहर

वहाँ नहीं थीं अब की प्रचारित हत्याएँ और लूट
यथार्थ के सीमाहीन विस्तार में खड़ा मैं
न कुछ पूछ सकता था, न कुछ भेदने को था बाक़ी
सब कुछ साफ़ साफ़ था काले हरुफ़ों में लिखा
जिसे मैं पढ़ सकता था या भारत सरकार
(स्व. रामविलास शर्मा के साथ एक यात्रा की स्मृति में)

मनुष्य जल

हरी मखमली चादर पे उछरी
वाह! ये क़सीदाकारी रंगों की
मेरी स्मृति भी बरसों बरस बाद इतनी हरी
और पाँखियों की ये शहद आवाज़ें
इतना अधिक मधुर स्वर इनमें
कि जो इधर 'जय श्रीराम' के उच्चार में ग़ायब

इस हरी दुनिया के ऐन बीच
एक ठूँठ-सी देहवाले पेड़ पर यह कौन?
अरे! यह तो वही, एकदम वही हाँ! बाज!!
स्वाभिमान में उठी इतनी सुन्दर गर्दन
किसी और की भला कैसे मुमकिन
उसकी चोंच के भीतर आगफूल जीभ
आँखों में सैनिक चौकन्नापन

इतिहास के नायक या फ़िल्मी हीरो के
हाथ पर नहीं बैठा वह

न ही उसके पंजे में दबा कोई जन्तु
ठूँठ की निःशब्द जगह में जो उदासी फैली
उसे भरता हुआ वह समागन*

घुमा रहा अपनी ग्रीवा इत-उत

मैं कोई शिकारी नहीं
न मेरे हाथ में कोई जाल या कि बन्दूक
फिर भी कैसी थी वह आशंका आँखों में
एक अजब-सी बेचैनी
कि पंखों के फड़फड़ाने की ध्वनि के साथ ही
देखा मैंने उसे आसमान चीरते हुए

मेरे पाँव एकाएक उस ठूँठ की तरफ़ उठे
जहाँ वह था, मुझे भी चाहिए होना
कि सूख चुका बहुत अधिक जहाँ
पक्षी जल के अलावा चाहिए होना मनुष्य जल कुछ

---

* समागन—अत्यन्त प्रिय व्यक्ति।

गूलर का नया अनुवाद

जून के पखवारे में उससे मिला मैं
वह इतना भव्य और लीलाओं से भरा
ठीक वैसा जैसा बचपन के जंगल में
चालीसेक फुट ऊँचा
उसकी देह रक्ताभ धूसर
पत्ते कोई चार इंच लम्बे
तीन शिराओं से जुड़े गहरे हरे चमकीले
बीच जिसके झाँकते लाल सुर्ख फल
इतने अधिक पक्षी किसी और पेड़ पर नहीं
न ही इतना मादक संगीत
कि हज़ारों-हज़ार बाँसुरियाँ एक साथ
और उसकी छाँह में अनेक मृगछौने

कोई चिड़िया बोली एकदम अलग सुर में
कि इतनी सारी के बीच वह एकदम अलग
मेरी निगाहें ऊपर को उठीं
वह एक नीले पंखोंवाली सुन्दरी
उसकी चोंच गूलर के फल पे

शायद उसकी अद्भुत मिठास से मिलते ही
वह बोली इतनी मीठी बानी

गूलर का वह अधखुला फल मुँह खोलता
शायद कुछ बोल रहा
हो सकता यह भी कि वह हँस रहा
भीतर मेरे भी हँसी का झोंका उठा
कि जैसे गूलर के उस घने पेड़ की खुशी
उसकी भाषा में चिड़ियाँ बोल रही थीं
मैं उसकी अबूझ भाषा में गूलर का
एक नया अनुवाद गढ़ रहा था

याद आये पिता

उस समय जबकि अपने अवचेतन में
मैं बढ़ रहा था गूलर के उस आकर्षक पेड़ की सिम्त
टकराया एक नुकीले पत्थर से और
उठी रक्त और दर्द की लहर
तिस पर बिन बताये अपने साथी को
मैं उस आनन्द में डूबने के यत्न में बहोत

देखा उसने और चुपचाप हँसिये से
खुरचने लगा उसकी छाल
कूट के उसे पीसने लगा पत्थर पे
कि हो उठे वह रसायन कोई जादू

घाव पे लेप करते ही हुआ कोई चमत्कार
कि दौड़ पड़ी देह में एक ठण्डक सी
और ख़ून का बहना एकदम बन्द

मैंने धन्यवाद में कीं अपनी आँखें नत
और टिकाके पीठ बैठ गया
याद आये पिता

आपको क्यूँ नहीं दीखता?

जुग्गू अहीर मेरा बाल सखा न होता अगर जीवन में
न होती गायें और भैंसें और महुआर
छूट जाता यक़ीनन बहुत कुछ ऐसा कि जो ज़रूरी
उदाहरण के लिए बेजुबानों की बोली के अनुवाद का हुनर

कि जान लें आप रहते हुए संग-साथ उनकी बातें
करते हुए आपस में मटरगश्ती जब भूल जाते थे उन्हें थोड़ी देर को
उनकी रम्भाने की टेर बता देती हमें
कि भटक गये उनके बच्चे कहीं आस-पास
भीड़ में उनकी आवाज़ को अलग से चीन्ह लेते थे कि
वह हमारी चितकबरी श्यामा या कि भूरी गौरी

शाम गये जब बजने लगती थीं गले में बँधी घण्टियाँ
मधुर सरमग से जान लेते थे कि लौटना चाहतीं वे
और एक बरदी की शक्ल में करते हम इकट्ठा
देखते कि सब एक साथ बच्चे उनके पास उनके
और बदलने लगता उनके रम्भाने का स्वर
कि घर लौटने की एक उमंग फैल जाती ओर-छोर

जुग्गू के साथ जाता मैं उनकी सार में कि याद मुझे
परोसना खली-भुसी, कटी हुई करबी, घास के पूले
और कभी-कभार देसी गुड़ और देखा कि
एक दुर्लभ पारिवारिक चमक उनकी आँखों में
जैसे अनेक नक्षत्र एक साथ प्रकाशित

सुबह-शाम नियम से ले जाते हुए पास उनके नन्हे बच्चे
देखा हमने उमड़ता जीभों से फेन कि जैसे जादू
चुमकारते हुए बच्चों को एक दुर्लभ स्वरसंगीत
उतरता ऐसे कि हिमालय में गंगा का वेग
पास होते वहाँ जुग्गू के दाई-दद्दा
कभी नहीं दुहते वे दूध कि जब तक
तृप्त न हो उठें पहले बछड़े और बछियाँ

बीता एक लम्बा समय कि दूर अब गाँव से
हालाँकि मन बहुत कि लौट पड़ूँ और
लौटा भी जो बार-बार तो बदला कितना अधिक
कम होती रही गायें और भैंसें भी
किसानों तक के घरों में घटी संख्या बहुत
बिकवाली के इस दौर में बदली उनकी जगहें
तबेलों में अब वे डेरी उद्योग का निर्जीव हिस्सा

दूर-दराज़ से ख़रीद के लाई जाने लगीं वे
साथ में उनके नवजात शिशु कि
ज़रूरी ख़रीदना उन्हें साथ कि दूध उतरता रहे
यह और बात कि यह ग़ैरज़रूरी और महँगा विकल्प
मैं चूँकि एक ऐसी नौकरी में कि जिसमें

यह भी एक विषय जानने-समझने का
सो जाता रहा तबेलों में या कि
बुलाता रहा पशु चिकित्सकों को दफ़्तर अपने

यह तो हाल की बात है कि पहुँच पास के
सेवानगर के एक ऐसे तबेले में कि देख जिसे
लहूलुहान हुआ बचपन का देखा सच कि जो एक सुन्दर सपना भी

गोबर और मूत्र से सने उस तबेले में क़ैद सब
कि बाहर जैसे उनका कुछ नहीं
न धरती, न जंगल, न आसमान कोई
भिनकती मक्खियों के हमलों से जूझतीं
रह-रह के पूँछें उनकी सक्रिय जैसे कि उनका होना इसीलिए
और वह जो बैठा तबेले का मालिक
बेपरवाह बहुत या कहें निष्ठुर कि
भाषा में उसकी बस नफ़ा-नुकसान

एक कसाई-सा व्यवहार निपुण वह सेठ
इतना समझदार और दुनियादार कि उसने
बाँध रखे बछड़े-बछियाँ पीछे की तरफ़ और दूर
कि माँएँ उनकी भूलने को हो उठें विवश
और सोचे एक ही बात कि किसी तरह
करती रहें पूर्ति दूध की, मालिक के मुनाफ़े के लिए

मामला चूँकि नौकरी का और व्यक्तिगत जिज्ञासा भी
तो पूछने लगा सवाल कि जो घुमड़ते रहे
और वह जैसे निडर और इतना बेधड़क

कि क़ानून से परे और बोलते समय इतना सहज
कि मैं डूबता-उतराता रहा आश्चर्य में कि जब वह बोला
'अब ऐसा है बाबू साब कि यह तो हमारा धन्धा और
फ़ायदा न हो तो कोई इसमें आये क्यों?
ख़रीदते हैं वही गाय और भैंसें जो
कर सकती हों कम-से-कम पाँच बार गर्भधारण
हर साल दस माह मिलना ही चाहिए दूध
दूध ही हमारा धर्म और लाभ ही ईमान'

सुनते हुए उसे मैं जैसे गिरा आसमान से
बताया उसने जब निःसंकोच भाव में
'बाबू साब अब खान-पान बदल दिया हमने
खिलाते हैं सोयाबीन की बड़ियाँ और अनाज
खासकर खमीर उठे खाद्य-पदार्थ कि दूध की बढ़त हो
और ऐसी दवाइयाँ कि इस काम के लिए ज़रूरी जो'

मुझे याद आया कि जो पढ़ा कहीं हाल में
कि पशुओं में इधर जो बीमारियाँ बहुत
कारणों में यही वे सब बदलाव कि जो किए जा रहे
देखा मैंने लँगड़ाती हुई गाय-भैंसों को
कोमल थनों के सूज उठने की शिकायतें आम
शरीर के ऊतकों का धीरे-धीरे मृत होना
और पेट की बीमारियाँ कई और कोई इलाज़ नहीं

इस तरह की नौकरी कि देखना यह सब
कई तरह के लोगों से मेल-मुलाक़ात
जैसे कई पशु चिकित्सक भी मेरे दोस्त और

और पुरुषोत्तम भाई तो परिवार के सदस्य
रोज़ का उनका तबेलों में आना-जाना
सो मन नहीं माना जब तो पूछ बैठा उनसे

भाँपते हुए मेरी बेचैनी या कि चिन्ता
कहना जो शुरू किया तो मैं जैसे काँप उठा
'जानते न होंगे आप कि ये दुष्ट
कर देते हैं नवजात शिशुओं को
बस तीन दिनों में अपनी माँ से दूर
कि देखा नहीं जाता इस तरह माँओं और बच्चों को रोते हुए
पुकारना एक-दूसरे को
बछड़े तो इनकी लाभ की गणित में शामिल नहीं
इस कारण सबसे अधिक क्रूरता के दायरे में
प्रश्न जहाँ तक बछिया का है तो भविष्य के लाभ की
गणित में मिलती है छूट लेकिन
रखा जाता है उन्हें भी दूध की वैकल्पिक व्यवस्था पर

हारमोन के इंजेक्शन तो अब एक आम बात
और एंटीबायोटिक की तगड़ी मात्रा से कोई परहेज़ नहीं
हम लोगों से ये अधिक जानते हैं यह मानते हुए
करते रहते हैं मनचाहे प्रयोग और कोई डर नहीं,'

मैं जैसे सुनने को अभिशप्त और अक्षम इस क़दर
कि सुनता रहा कि जो कहा जा रहा
'और हाँ! देखा होगा आपने ट्रकों में ठुँसे बछड़े
जाते हुए शहर के बाहर चीखते-रिरियाते
वे ले जाए जाते हैं बूचड़खाने कि जगह उनकी

तबेलों में अपनी माँओं के पास नहीं
कुछेक जो पाते भी हैं जगह तो इस गणित में
कि बनेंगे साँड़ गर्भाधान के काम के लिए

इतना ही नहीं एक और चलन है भयावह 'फूँकन'
कम दूध उतरने की स्थिति में ये क्रूर मालिक
घुसेड़ देते हैं छड़ी गर्भाशय में और
घुमाते हैं इस हद तक कि घनघोर पीड़ा हो
विश्वास है इनका कि इस मर्मांतक क्रिया से
उतर आता है दूध थनों में मनवांछित
ताज्जुब कि नहीं सोचता कोई उन घावों के बारे में
जो बनते रहते हैं नासूर'
कहके इतना वे रुके और देख मेरी हालत
साध गये चुप्पी और चल पड़े

क्या करूँ मैं कि सोचता हूँ जब-जब दूध के बारे में
मुझे दीखने लगते हैं दुकानों में टँगे
बछड़ों, बाँझ गायों-भैंसों के लोथड़े
कि मुझे हो उठती है घृणा
दूध-मक्खन खाते कृष्ण भगवान तक से

सच है लेकिन यह कि मुझे हो उठी है
बेइन्तहा नफ़रत सुबह-सुबह दौड़ती उन गाड़ियों से
जिनसे उतरते हैं पोली पैक, दूध की बोतलें
घी-मक्खन, श्रीखण्ड और चीज-पनीर

मुझे इन सबके पीछे हो रहीं बर्बरताएँ

दीख पड़ती हैं एकदम साफ़
सामने हो रहीं क्रूरताएँ
हारमोन के हमले
आक्जीटोसिन के निर्मम प्रयोग
मैं पूछना चाहता हूँ डॉ. कुरियन
क्या आपको दीखता है यह सब?
मुझे जो दीखता है, आपको क्यूँ नहीं दीखता डॉ. कुरियन?

परिन्दा

रहता हुआ हवाओं में
साँस लेता है दरियाओं में
पानी के बग़ैर वह जी नहीं सकता
डोलता है मौजों पे
मछलियों से इश्क़ करता है

पकड़ के साथ अपने ले जाता उन्हें
आसमाँ में बादलों से गुफ़्तगू कराने
वो मिलता है उगते सूरज से
और किरनों में चमकता है

सूर्ख नीले रंगों वाला
वो आबी परिन्दा
मोहब्बत करता है दरियाओं से
उसकी दरबानी करता है
वो एक फ़लसफ़े में है
खुदा उसे महफ़ूज़ रखे

छुईमुई

माँ को अमूमन जंगल जाना होता था
कभी जलावन
कभी महुए चुनने
कभी रेठू की भाजी
तो कभी घर पोतने के लिए
छुई की मिट्टी अबेरने

जंगल हमारी पाठशाला थी
जहाँ हम माँ के साथ होते
और प्रकृति को जानते

माँ हमें अक्सर बताती
कि पेड़-पौधों से प्रेम करो
उनमें मनुष्य सरीखा जीवन है
और हम सहज विश्वास न कर पाते

वह बड़े जतन से हमें समझाती
और हमारी बाल बुद्धि मौज़ में रहती

एक रोज़ माँ हमें लेकर
ढूँढ़ने लगी कोई पौधा
बहुत एकाग्रता में उनका होना था
और हठात निकला उनके मुँह से
हाँ! यह रहा वह...

मुस्कुराकर उन्होंने बुलाया पास
और अचानक काट ली एक चुटकी गाल पे
मैं जैसे चिहुँक उठा
प्यार से गाल को थपथपाकर फिर कहा

'देखा ज़रा-सी चुटकी से तुम्हें दर्द हुआ
ऐसा ही होता है पौधों के साथ
लेकिन वे तुम्हारी तरह बोल बता नहीं सकते
आओ और छुओ इस पौधे की पत्तियों को
मैंने डरते हुए छुआ पत्तियों को
और वे जैसे घबराकर बन्द हो गयी तुरन्त'

माँ की तरफ़ देखा मैंने अचम्भे से
कहा उसने 'यह छुईमुई है'

अब कुछ समझने की ज़रूरत न थी शेष
मैंने पलटकर देखा
पौधे की पत्तियाँ खुल रही थीं धीरे-धीरे

अरण्डी

वह सदाहरा छोटा-सा वृक्ष
घर के पीछे कूड़े में भी उग आता
कि इतना सरल
पत्ते हरे लाल आभा लिए
छाल हरिताभ धूसर

माँ के लिए वह सिर्फ़ आयुर्वेदिक दवाई न था
हालाँकि उसकी तेल चिकित्सा बड़ी मशहूर
तेल स्निग्ध, गाढ़ा और हल्की गन्ध में डूबा
कहते हैं इसके बीज में विष कोई
जानवर इसी कारण नहीं खाते पत्तियाँ

जब कभी चोट लगती
माँ इसी के पत्तों की पुल्टिस बनाकर
घुटनों, कुहनियों और एड़ियों में बाँधती
माँ इसका उपयोग ब्रह्मास्त्र की तरह करती
आंत्र-ज्वर से इसी ने एक बार
पिता को जीवनदान दिया

नवजात शिशुओं को भी
इसी की कोई औषधि दी जाती
कई रोगों के विरुद्ध लड़ाई में
वह माँ का सिपहसालार था
वह प्रकाश था हमारे बचपन का
इसी का तेल आले के दीपकों में
इसका उजाला सफ़ेद, स्वच्छ और स्थिर
धीमी गति से जलता
और ग़रीब घर के ख़र्च को बचाता
मिट्टी, सरसों और अलसी की जगह
यही था राजदुलारा
जो घानी से घर में लाया जाता

माँ कहती कि वह मनुष्य सेवा में निमग्न
एक दुर्लभ उदाहरण है दुनिया में
वह अब याद करती थी उसे
बिछड़े भाई की तरह
और ढूँढ़ती-फिरती थी हर उस शहर में
जहाँ-जहाँ मेरा तबादला हुआ

नदी

लाख कोशिश की
कि चल जाए
दवाइयों का जादू
सेवा से हो जाएँ ठीक
नहीं हुआ चमत्कार लेकिन

माँ की आँखें
उस गंगाजली पर थीं

जिसे भर लाई थीं वे
अपनी पिछली यात्रा में

धर्म में रहा हो उनका विश्वास
ऐसा देखा नहीं

वे बचे-खुचे दिनों में
रखे रहीं उस कुदाल को

जिससे तोड़ा उन्होंने कोयला
पच्चीस बरस तक काली अँधेरी ख़ानों में

माँ जल से उगी हैं
नदी को वे माँ समझती थीं

नींद आज

टपऽ..टपऽ...टिप...टिपऽऽ
परात पीतल की
झनऽ...झनऽ...टनऽ...टनऽ
कनस्तर अधकटा
टप्पऽ...टप्पऽ...टप्पऽऽऽ
बाल्टी
टन्नऽऽ...झन्नऽऽऽ टन्न-झन्नऽऽऽ
मग दालचीनी का
ठनऽ...ठन्नऽऽ...ठनऽ...ठन्नऽऽऽ
डेगची जर्मन की
टिन्नऽ...झन्नऽऽ...टिन्न-टन्नऽऽऽ
डिब्बा प्लास्टिक का
टपऽ...टपऽऽ...टपऽऽऽ...टिपऽऽ
यह कच्चे मकान में उतरती बारिश है
जगह-जगह टपकती-घेरती भीतर
और हम
अम्मा, दद्दा, भैया, मुन्ना-मुन्नी
बचाते सूखी जगह

सिर्फ़ इतनी
कि रात कुकुड़-मुकुड़ के सही
सो सकें

परिवार इस प्रार्थना में जुटा
कि मूसलाधार न हो रात में
अगर इतनी ही बनी रहे
कि टप...टप...टन...टन्न...झन-झन्नऽऽऽ
तो शुक्र ईश्वर का
अगर न हो देर रात वह
टप...टपा...टपऽऽऽ ठन्न...ठन...ठनाकऽऽऽ झन्न...झनाकऽऽऽ
तो सो लेंगी बीमार माँ सुकून भरी नींद आज

गद्य कविता

भगवान विष्णु की मृत्यु का सपना

1

मैं रोज़ सोता था सुकून की नींद। और अब जागता हूँ जैसे नींद में। भयावह सपनों में डूबी हैं रातें। मैं हत्यारों को देखता हूँ सपनों में। उनके चेहरे अमूर्त हैं। बस उनका होना परिचितों सा लगता है। वे बनक-ठनक में सभ्य सम्भ्रान्त दीखते हैं। उनके पास भव्य मोटरें हैं। वे अमूमन बड़ी-बड़ी कोठियों से निकलकर आते हैं। उनके पीछे चलने वालों की जमात है। जो नयी-नयी शक्ल में हर जगह उपस्थित हैं। वे हथियारों से लैस हैं। उनकी आत्मा का पानी सूख गया है। इस कारण वे पैसों के एवज़ हर उस चीज़ को ख़रीदने पर आमादा हैं जिसमें पानी है। और सरकारें अपनी तरह से इस व्यापार में हत्यारों की सरकारी गवाह बन चुकी हैं। मेरे इस सपने में जो बिना किसी स्टिंग ऑपरेशन के मूर्त है, मुझे आकण्ठ घेर लेता है डर में। मैं चीखना चाहता हूँ और आवाज़ जैसे गले में अटकी। सपना मुझे लिये भागता है चौतरफ़। और मैं देखता हूँ वो सब जो कभी देखा नहीं। और इस तरह तो बिल्कुल नहीं। कि मेरी आत्मा लहूलुहान।

2

मैं तो बन्धक उनका। हालाँकि यह तो स्वप्न में। मैं उनके पीछे भागता। कि जान सकूँ वो सच जो जीवन पर भारी बहोत। पानी कम होता हुआ गिरवी कहीं। उसके लिए मैं दौड़ता हूँ कि वह कितना बचा याकि बच जाएगा। सन्ततियों की सम्भार के लिए। मैं उतरता हूँ एक माँ की कोख में। वहाँ एक भ्रूण है। अपने भार के 63% पानी में। उसी से जीवित वह। मैं कैसे जानूँ कि वह उसी मात्रा में है। और बच जाएगा सुरक्षित। अगर पानी कम हुआ। तो वह बचा हुआ होगा कितना कि जब जन्म लेगा। मैं उतरता हूँ अब अपनी ही देह में। वहाँ उसे होना चाहिए दो-तिहाई या तीन चौथाई। और रक्त के प्लाज़्मा में चार प्रतिशत होना ज़रूरी। और कोशिकाओं में सोलह प्रतिशत। क्या इतना पानी सही-सही मात्रा में होगा। इधर अनेक बीमारियों से घिरा मैं, अब स्वप्न में हूँ डॉक्टर की टेबिल पर। वह जाँच करता है और पर्ची में हिदायत लिखता है। मोटे अक्षरों में वह 'शुद्ध पानी' के सेवन पर ज़ोर डालता है। यह जानते हुए कि वह सिर्फ़ प्रदूषित। बाज़ार के दावों को गले लगाए, मैं दौड़ता हूँ शुद्ध पानी के लिए। और झूठ पर ऐतबार करता हूँ कि जो सच की तरह परोसा गया। कि उसमें अकूत व्यापार। बस शुद्ध का विज्ञापन है अशुद्ध। पानी में वह होगा, ये भरोसा नहीं कर पाता और भय से काँपने लगता हूँ।

3

मुझे सहसा स्मरण हो उठता है कि वह हड्डियों में है। बालों में है। यहाँ तक दाँत के एनामेल में। वह मुझसे बाहर नदी, तालाब, पोखर, समुद्र, पेड़-पौधों और जीव-जन्तुओं में है। और हवा में कि वहाँ कितना विष हमारे कुकर्मों से। उसे धरती पर होना चाहिए। 3 करोड़ 50 लाख घन किलोमीटर। और बर्फ़ में 1 करोड़ 50 लाख वर्ग

किलोमीटर। क्या इतना होगा वह? याकि कम होता जा रहा है जैसे कि आँखों का पानी। जब मैं सब खोज रहा होता हूँ हठात् पाता हूँ भूवैज्ञानिक के सामने खुद को। वह बोलता जाता है पानी के बारे में। कि उसके एक अणु में दो परमाणु हाइड्रोजन है और एक ऑक्सीजन। इन तीनों के अलौकिक योग से वह शुद्ध पानी है। उसकी शक्ल V की तरह है। इसे इसी रूप में बचाना चाहिए। पंच महाभूतों में यह एक है जीवन का उत्स। अपने निजी गुणधर्म में सुरक्षित सौंपता जीवन हर किसी को। जहाँ 4 डिग्री सेल्सियस का तापमान है और जीव-जन्तु सुरक्षित। मुझे हिमनदों के पिघलने-धँसकने के दृश्य आते हैं याद। और मैं डर जाता हूँ। मुझे दीखते हैं दम तोड़ते जीव-जन्तु और मुझे अपनी भी मृत्यु दिखाई पड़ती है ऐन सामने। मैं एकाएक पानी की कमी का शिकार होता हूँ कुत्ते की तरह। लम्बी जीभ निकालकर मैं देह से पानी माँगता हूँ ताकि जी सकूँ। मैं हाँफते हुए कुत्ता सरीखा होता हूँ पसर जाता हूँ धरती की नमी में।

4

इस सपने में भयावह आग की लपटें हैं फैलती चहुँओर। और उनसे घिरा मैं भीगना चाहता हूँ पानी में। जो बनने की प्रक्रिया में है। वह अभी छह अणुओं से मिल रहा है कि चाहिए उसे भिगोने की ताकत। अभी वक़्त है प्रक्रिया पूरा होने में। जल रहे हैं इस बीच पशु-पक्षी, हवा, धरती, आकाश और जीव-जन्तु। पानी कि जो सभी के लिए आवश्यक, नदारद हो रहा है। छह अणुओं के योग से वह बन रहा है और विलम्ब के कारणों में हम। कि अनुकूल पर्यावरण के रास्ते में शैतान भी हम ही।

5

मैं याद करता हूँ धर्मग्रन्थों को। कि पूरी तरह नास्तिक नहीं मैं। होगा वहाँ कोई अचूक उपाय। और मैं पढ़ता हूँ भगवान विष्णु की कथा।

जिसमें 'क्षीरसागर' उनका घर। उनके भीतर भी पानी जैसा कि मनुष्यों में। एक-एक कर उनके अवतार सामने आते हैं वराह, मत्स्य और कच्छप। और याद आता है पानी। समुद्र-मन्थन याद आता है और अमृत। कि उसमें भी अलौकिक पानी। और शंकर की जटाओं से उतरती कल्याणी गंगा। जिसके पानी में पुण्य-प्रताप। और यमुना। और गोदावरी। और नर्मदा। और ब्रह्मपुत्र आदि पुण्य सलिलाएँ कि जिनकी फिराक में हत्यारे। मुझे लगता कि मैं उनके गिरोह में और शर्मसार बहोत।

6

हम धर्मप्राण हत्यारे हैं। हमारे निशाने पर अवतार भर नहीं वरन् साक्षात् विष्णु भगवान। हम हथियार बन्द हैं। हम परमाणु बमों से लैस। किसी भी समय युद्ध को तैयार। हम पानी के दुश्मन। हमें बस पैसे चाहिए। हमारी कीमत है। पैसा हमारा उसूल। हम ईश्वर के पंचभूतों की तिजारत में लिप्त। हम अपराधी हैं लेकिन सज़ा से परे। सपनों में सच कहाँ होता है और यह तो भोर का सपना भी नहीं। कि मान ले मन। हे विष्णु, हम तुम्हारे भक्त। तुम दयावान। माफ़ करना हमें। कि हमारे बेरहम निशाने पर हो तुम! हम सरेआम कर रहे हैं तुम्हारी हत्या! पानी के बाहर हो कोई सुरक्षित जगह। तो भाग जाओ रक्त-रंजित। हम हत्यारे हैं। हमारे भीतर कुछ शेष नहीं। दया, ममता, करुणा, सहानुभूति आदि। सब कुछ ख़रीद लिया गया। यहाँ तक आत्मा जो तुम्हारे आदेश की गुलाम। अभी वह बन्धक है। मार दी जाएगी एक दिन। एक दिन तुम भी मार दिये जाओगे। हमें नहीं लगता हत्याओं का पाप। जघन्य अपराधी हैं हम। हमें किसी भी कीमत पर चाहिए पानी। फिर उसके लिए तुम्हारी हत्या सही। भगवन् भागो। हत्यारे उतर चुके हैं 'क्षीरसागर' में। वे आधुनिक नावों में सवार हैं जो उड़ जाती हैं अन्तरिक्ष में अपना काम करने के बाद।

ना-ना काम नहीं काम तमाम।

और जो भयावह सपने देख रहे हैं। डरे हुए हैं। उनसे किसी तरह की उम्मीद रखना झूठ होगा। भागो भगवन! हत्यारों ने आपको घेर लिया है। बस इस सपने से बाहर निकलते ही आपकी मृत्यु का समाचार होगा या फिर आपके एक और झूठे अवतार की कहानी। जिसे हत्यारे सुना रहे होंगे भगवा वस्त्रों में। और उनकी आँखों का पानी बिक गया होगा। और इस बार सपने में भी नहीं होगा। पानी के घर में तुम्हारी मृत्यु का सजीव प्रसारण देखेगी दुनिया। और भूल जाएगी एक दिन कि विष्णु नाम का कोई देवता था पानी में।

❖❖❖